Bibliografische Information der Deutschen Nationalbibliothek:

Die Deutsche Bibliothek verzeichnet diese Publikation in der Deutschen National-
bibliografie; detaillierte bibliografische Daten sind im Internet über http://dnb.d-
nb.de/ abrufbar.

Impressum:

Copyright © 2016 GRIN Verlag, Open Publishing GmbH
Druck und Bindung: Books on Demand GmbH, Norderstedt Germany
ISBN: 9783668346178

Dieses Buch bei GRIN:

http://www.grin.com/de/e-book/344879/von-humanitaerer-intervention-zur-
responsibility-to-protect-der-einfluss

Dennis Diestertich

Von humanitärer Intervention zur Responsibility to Protect. Der Einfluss einer neuen Norm auf die Libyen-Intervention

Fallbeispiele Deutschland und Großbritannien

GRIN Verlag

Inhaltsverzeichnis

1 Einleitung

Als im Jahr 1994 mehrere Hunderttausend Menschen in Ruanda starben, zeigte dies, dass die Strukturen der internationalen Staatengemeinschaft zur Bearbeitung humanitärer Katastrophen mangelhaft sind. Die fünf Jahre später durchgeführte Kosovo-Intervention durch die NATO wird dagegen überwiegend als aus humanitären Gründen legitim, aber illegal angesehen (Bellamy 2010b: 433-435). Beide Fälle offenbaren die in Fragen humanitärer Interventionen unzureichenden Systeme der internationalen Staatengemeinschaft. Nach einer Aufforderung durch den damaligen UN-Generalsekretär Kofi Annan diese Situation zu verbessern, beschloss die UN-Generalversammlung im Jahr 2005 mit der Responsibility to Protect (R2P)[1] eine neue Norm für humanitäre Krisen.[2] Nach der R2P haben Staaten gegenüber ihrer Bevölkerung eine Schutzverantwortung und die internationale Staatengemeinschaft soll Staaten dabei unterstützen. Kommt ein Staat seiner Schutzverantwortung nicht nach, so geht die Schutzverantwortung auf die Staatengemeinschaft über, welche im Rahmen der UN geeignete Maßnahmen ergreifen soll.[3] Diese neue Norm erhielt rasch breite Unterstützung durch die Staatengemeinschaft und erzeugte große Resonanz in der Politikwissenschaft. Fraglich ist, ob und wie die neue Norm über diese Unterstützung hinausgehend, Entscheidungsprozesse humanitärer Interventionen tatsächlich beeinflusst. Dieser Frage geht die vorliegende Arbeit nach. Die Forschungsfrage lautet daher: Welchen Einfluss hatte die Norm der Responsibility to Protect bei der Entscheidung zur Intervention in Libyen im Rahmen der UN-Resolution 1973? Folgende Hypothese leitet die Untersuchung: Wenn die Responsibility to Protect ausreichend internalisiert ist, dann steigt die Wahrscheinlichkeit, dass Staaten einer humanitären Intervention zustimmen. Mit Libyen wird der Fall für die Untersuchung gewählt, der den ersten Härtetest für die Norm darstellt. In Libyen kam es im Rahmen des arabischen Frühlings[4] ab Februar 2011 zu gewaltsamen Auseinandersetzungen zwischen Truppen des Machthabers Gaddafis und Regimegegnern. In deren Folge setzte das Regime schwere Waffen gegen die eigene Bevölkerung ein und bedrohte die Rebellen mit Vergeltungsmaßnahmen.

Untersucht wird die Forschungsfrage aus konstruktivistischer Perspektive mittels Sprechakten entscheidungsrelevanter Politiker in Deutschland und Großbritannien im Rahmen der UN-Resolution 1973, welche militärische Maßnahmen in Libyen autorisierte.

---

[1] In Kapitel vier und sieben wird der Begriff in zweifacher Weise verwendet. Die Abkürzung R2P umfasst dort die Norm als Ganzes, während „Responsibility to Protect" lediglich die Schutzverantwortung der libyschen Regierung gegenüber der Bevölkerung beschreibt.

[2] Normen werden als kollektive Standards angemessenen Verhaltens definiert (Schimmelfennig 2010: 165).

[3] Siehe hierzu ausführlich Kapitel fünf.

[4] Der arabische Frühling bezeichnet eine Reihe von Protesten, Aufständen und Revolutionen in Teilen der arabischen Welt, welche im Dezember 2010 begannen.

Dies geschieht mittels der qualitativen Inhaltsanalyse. Es wird argumentiert, dass im Fall Großbritanniens die R2P für die Entscheidungsträger von zentraler Bedeutung war und daher die Entscheidung für eine Intervention maßgeblich beeinflusst hatte. Für die entscheidungsrelevanten Akteure in Deutschland hatte die Norm dagegen keine bindende Funktion und daher unterstützte Deutschland die Intervention nicht.

Die Arbeit ist folgendermaßen gegliedert: Nach der Einführung in die Thematik rekapituliert Kapitel zwei den Forschungsstand. Kapitel drei legt mit dem Konstruktivismus den theoretischen Rahmen der Arbeit und bezieht die Theorie auf den Untersuchungsgegenstand. Daran schließt sich in Kapitel vier die Methodik der Arbeit an. Das fünfte Kapitel zeigt die Entwicklungsgeschichte der R2P auf und wie die Norm Entscheidungsprozesse zu humanitären Interventionen beeinflussen soll. Kapitel sechs analysiert, wie die beiden hier untersuchten Länder die Entwicklung der R2P unterstützten und in welcher Form die Norm die nationale Politikgestaltung beeinflusste. Kapitel sieben stellt zunächst die Libyen-Krise und die Reaktion der internationalen Staatengemeinschaft dar, um daran anschließend den Entscheidungsprozess beider hier untersuchten Länder zu analysieren. Schließlich zeigt das letzte Kapitel eine Zusammenfassung und Bewertung der Ergebnisse.

2 Forschungsstand

Die R2P als neue Norm der internationalen Beziehungen konnte die Debatten zu humanitären Interventionen beeinflussen und löste eine breite Rezeption durch Forscher der internationalen Beziehungen aus, wobei die Bandbreite zwischen positiver Wirkung und grundlegender Kritik schwankt. Zehn Jahre nach Aufnahme der Norm durch die UN-Generalversammlung wird die R2P, mit einigen Ausnahmen, von den Ländern als bindende Norm akzeptiert und die Debatte fokussiert auf die Frage der richtigen Anwendung (Bellamy 2015: 161-162; Bellamy & Williams 2011: 845-850). Ein Kritikpunkt ist die Verwendung der R2P als „Trojanisches Pferd", mittels derer mächtige Staaten die inneren Angelegenheiten schwächerer Staaten beeinflussen (Bellamy 2010a: 152). Als problematisch wird ebenfalls gesehen, dass für potenzielle Zielstaaten der R2P eine Rechtspflicht zum Schutz der eigenen Bevölkerung entstehen könnte, während für die internationale Gemeinschaft nur eine Handlungsoption bestünde (Brock 2013: 175-176). Weiterhin ist fraglich, ob die unterstützenden Staaten die Norm bereits ausreichend internalisierten, um gemäß der Norm zu handeln (Bellamy 2010a: 166). Auch grundlegende Kritik an der R2P wird geäußert. Die letztliche Umsetzung der Norm in der UN schafft keine neuen Strukturen, um humanitäre Katastrophen zu beenden. Ohne eine rechtliche Veränderung staatlicher Souveränität, einer Reform der Entscheidungsstrukturen für humanitäre Interventionen und einen Leitfaden, der festlegt, wann Interventionen notwendig sind, bleibt lediglich moralischer Druck, der durch

R2P entsteht (Hehir 2010: 233-235; Gallagher 2014). Pape (2012: 79-80) kritisiert dagegen, dass R2P den Standard für humanitäre Interventionen zu niedrig legt und propagiert einen pragmatischen Ansatz.

Die im Rahmen dieser Arbeit untersuchte Entscheidung zur Libyen-Intervention war der erste Fall, in dem der Sicherheitsrat aufgrund humanitärer Belange gegen den Willen einer funktionierenden Regierung eine militärische Intervention autorisierte. Die Libyen-Krise wird überwiegend als Fall angesehen, bei dem die Regierung seiner Verantwortung zum Schutz der Bevölkerung nicht nachkommt. Dies ist zum einen auf die Krisenentwicklung und zum anderen auf Gaddafis Äußerungen sowie seine Taten in der Vergangenheit zurückzuführen (Bellamy 2011: 265-266; Müller 2011: 3-4; auch Pape 2012: 61-69 sieht in Libyen einen Interventionsfall nach seinem pragmatischen Ansatz humanitärer Interventionen).

Deutschlands Enthaltung im Fall der Libyen-Resolution 1973 erzeugte daher breite Resonanz. Die Ansichten reichen von politischem Versagen, innenpolitischem Kalkül bis zu Skepsis gegenüber militärischen Mitteln (Müller 2011; Maull 2011; Katsioulis 2011; Rühl 2011; Miskimmon 2012). Aus konstruktivistischer Sicht analysierte Stahl (2012) die Diskurse um Auslandseinsätze in Deutschland, wobei sein Fokus darauf liegt, die verschiedenen Diskursallianzen sowie die außenpolitische Identität zu untersuchen. Für Stahl befindet sich Deutschland in einer Identitätskrise.

Die Entscheidung Großbritanniens die Intervention zu befürworten wird zum einen auf die R2P, einer positiven Erfolgseinschätzung einer militärischen Intervention, der Gefahr einer Flüchtlingswelle und auf parteipolitische Unterstützung zurückgeführt (Davidson 2013).

Die vorliegende Arbeit schließt an die Frage an, inwieweit die R2P bereits internalisiert wurde und untersucht dies, anhand der Entscheidungen Deutschlands und Großbritanniens zur Libyen-Intervention. Aus konstruktivistischer Perspektive untersucht die Arbeit dazu Sprechakte entscheidungsrelevanter Politiker dahingehend, welchen Stellenwert die R2P in ihren Argumentationen hatte. Das folgende Kapitel bildet hierfür die theoretische Grundlage.

3 Konstruktivismus

Der Konstruktivismus in den internationalen Beziehungen ist keine einheitliche und substanzielle Theorie, sondern vereint verschiedene Ansätze, welche die grundlegende Ansicht teilen, dass es keine objektive Wirklichkeit gibt, sondern Realität sozial konstituiert wird (Ulbert 2010: 427-429).[5] Dies gilt für die Beschaffenheit der Welt (Ontologie) wie für das Wissen (Epistemologie). Der Konstruktivismus will erklären und beschreiben, wie diese Konstruktionen erzeugt werden. Dies geschieht über die Analyse der Prozesse, welche

---

[5] Einen Überblick über die verschiedenen konstruktivistischen Ansätze gibt Harnisch 2010: 105-107.

intersubjektiv geteilte Bedeutungs- und Wirklichkeitskonstruktionen herausbilden und die mittels sozialer Konstruktionen handlungsleitend werden (Ulbert 2005: 12; Ulbert 2010: 427-428).

Aus konstruktivistischer Sicht wird die Politik nicht durch materielle Ressourcen bestimmt, sondern durch die Ideen der Akteure. Sie bilden die Handlungsgrundlage für Akteure der internationalen Beziehungen. Ideen können in eine kognitive und eine handlungsleitende Dimension unterteilt, sowie in Hinblick auf die Trägerschaft (individuell oder kollektiv) und Reichweite (allgemein oder speziell) differenziert werden. Vier Konzepte finden in der Forschungspraxis hierzu Anwendung: Identitäten bilden die erste Kategorie. Sie beschreiben Ideen von sich selbst in Abgrenzung zu anderen. Soziale Rollen als zweite Kategorie umfassen neben den eigenen Erwartungen eines Akteurs die Erwartungen anderer Akteure an diesen. Zentral für die kognitive Dimension von Ideen sind Werte auf der individuellen Ebene und Normen auf der kollektiven Ebene. Werte geben erwünschtes oder unerwünschtes Handeln an, wobei ein Akteur zumeist erwartet, dass andere diese Werte ebenfalls als gültig ansehen. Normen wiederum wirken handlungsleitend und benötigen eine regelmäßige Befolgung durch möglichst viele Akteure. Für den Konstruktivismus sind gesellschaftliche und internationale Normen von zentraler Bedeutung, da sie Akteurshandeln strukturieren können und so zur Bildung sozialer Rollen und Identitäten beitragen. Die außenpolitische Kultur bildet schließlich die Gesamtheit aller Ideen mit Bezug auf das Außenverhalten von Gesellschaften (Harnisch 2010: 104-105).

Eine weitere zentrale Annahme des Konstruktivismus ist die Ko-konstituierung von Akteuren und Strukturen. Der Konstruktivismus eröffnet damit eine neue Sicht auf das Akteur-Struktur-Problem: Da soziales Handeln immer in bestimmten Strukturen stattfindet, kommen zunächst zwei Möglichkeiten der Erklärungen in Betracht. Eine auf die Akteure bezogene individualistische Erklärung und eine strukturalistische Erklärung. Der Konstruktivismus verwirft diese Trennung, da sie die Komplexität internationaler Politik verkürzt. Aus Sicht des Konstruktivismus geben Strukturen den Akteuren bestimmte Handlungsoptionen vor und wirken auf die Akteure und deren Interessenbildung ein. Gleichzeitig stabilisieren oder verändern Akteure durch ihr Verhalten die Strukturen (Harnisch 2010: 103; Ulbert 2010:433-436).

Innerhalb dieser Rahmenbedingungen handeln dem Konstruktivismus nach internationale Akteure gemäß der „Logik der Angemessenheit". Dieser Logik nach leiten soziale Strukturen das Handeln der Akteure an. Normen, Regeln, soziale Institutionen, soziale Rollen und Werte beeinflussen das Verhalten der Akteure ebenso, wie Nutzen und Eigeninteressen. Die „Logik der Angemessenheit" determiniert das Verhalten der Akteure jedoch nicht. Akteure sind zur gleichen Zeit mit unterschiedlichen Anforderungen konfrontiert, wodurch Entscheidungsmöglichkeiten entstehen (Finnemore & Sikkink 1998: 913-914). In diesem Zusammenhang weisen Finnemore und Sikkink (1998: 911-912) darauf hin, dass der Prozess der sozialen Konstruktion mit strategischen Entscheidungen verbunden ist und Normbefolgung auch davon abhängt, wie ein Akteur die Natur der Norm und seine spezifischen Interessen definiert. Wie ein Akteur handelt, steht daher nicht exogen fest, sondern die Entscheidung wird endogen in Selbstreflexion und Reinterpretation der zugrundeliegenden Normen und Ideen entwickelt (Ulbert 2005: 18).

Aufgrund der Konstituierung der sozialen Wirklichkeit besitzt Sprache für einige Ansätze des Konstruktivismus eine herausragende Bedeutung.[6] Sprache dient als Mittel des Denkens und Erkennens und konstituiert „Realität" im Sprechakt. Ferner vermittelt Sprache „Realität" intersubjektiv und bildet ein zentrales Medium um „Realität" zu erfassen (Ulbert 2010: 445). Da die vorliegende Arbeit Aussagen von Regierungsmitgliedern analysiert, bildet Sprache auch für diese Untersuchung eine zentrale Funktion. Für Onuf ist sprechen „…undoubtedly the most important way that we go about making the world what it is" (Onuf 1998: 59). Sprache stellt für Onuf einen zentralen Faktor bei der Regelbildung und deren Umsetzung dar. Regeln bilden für Onuf das verbindende Element zwischen Akteuren und Strukturen. Normen und Regeln geben den Akteuren vor, was sie tun sollen, wobei dies nicht ausschließlich handlungsbeschränkend gemeint ist. Erst durch verschiedene Regeln erlangen Akteure überhaupt Wahlmöglichkeiten. Regeln leiten dabei das Handeln der Akteure an und wirken auf die Regelbildung ein (Onuf 1998: 59-60). Auch für Kratochwil bilden Normen und Regeln zentrale Analyseobjekte und der Sprechakt besitzt eine herausragende Funktion. Sprache ist für ihn nicht bloß ein „Abbild" der Realität, welche unterschwellige Ziele reflektiert, sondern Sprache ist Handeln (Kratochwil 1993: 76). Für die Wirksamkeit von Normen sind daher erfolgreiche Sprechakte von zentraler Bedeutung, da Normen dadurch gemeinsame Erwartungen stabilisieren können. Eine klare Definierung der Norm beeinflusst dabei die Erfolgschancen (Kratochwil 1989: 33-34). Hinzu kommt, dass die Akteure Normen interpretieren und Akteurshandeln daher nicht allein durch Normen erklärbar ist. Wichtig ist zu untersuchen, wie Akteure ihr Verhalten begründen (Kratochwil & Ruggie 1986: 767-769; Finnemore & Sikkink 1998: 892). Auch dies unterstreicht die Relevanz der Sprache.

Auf die vorliegende Untersuchung bezogen, bedeutet dies, dass die Sprechakte der relevanten politischen Entscheidungsträger offenlegen, welchen Stellenwert sie der R2P im Untersuchungsfall beimessen. Die Untersuchung der öffentlichen Argumentation zeigt auf, ob die Norm für die Akteure handlungsleitend war oder ob Normbefolgung aufgrund anderer Ideen unterlassen wurde. Das folgende Kapitel stellt die Methodik der Arbeit dar.

---

[6] In anderen Ansätzen, wie dem systemischen Konstruktivismus nach Wendt, besitzt Sprache dagegen keine besondere Funktion (Ulbert 2005: 12).

4 Methodik

Die Fallauswahl der Untersuchung erfolgt anhand des Most Similar Systems Design. Beide untersuchten Länder sind parlamentarische Demokratien mit hohem humanitären Anspruch sowie Unterstützer der R2P.[7] Während Großbritannien die UN-Resolution 1973 befürwortete, verweigerte Deutschland eine Unterstützurg. Gemäß der Hypothese ist zu erwarten, dass im Falle Deutschlands die R2P nur einen geringen Einfluss auf die Entscheidung hatte, während die Akteure in Großbritannien die R2P ausreichend internalisierten und daher die Norm die Entscheidung prägte.

Die Arbeit analysiert die Äußerungen des jeweiligen Außenministers und des Regierungschefs. Da die Intervention eine UN-Entscheidung ist, sind zuerst die jeweiligen Außenminister für die Entscheidungen verantwortlich. Die Regierungschefs können die Entscheidung jedoch maßgeblich beeinflussen und werden daher ebenfalls in die Analyse einbezogen.

Der Untersuchungszeitraum und die Quellenerhebung beginnt am 15.02.2011 und endet am 15.04.2011. Hierdurch erfasst die Analyse Sprechakte zu Beginn und während der Eskalation des Konflikts sowie Begründungen nach der UN-Resolution 1973 am 17.03.2011. Um eine Selektivität des Quellmaterials zu vermeiden, erfolgt die Auswertung systematisch. Die Datenbasis bilden alle Dokumente, die auf der Internetseite der Bundeskanzlerin sowie dem Auswärtigen Amt und der Internetseite des Premierministers und des britischen Außenministers zur Verfügung stehen. Von diesen Dokumenten wurden alle in die Analyse einbezogen, die thematisch die Libyen-Krise behandeln, in Textform direkte Sprechakte der Akteure wiedergeben und im Untersuchungszeitraum liegen. Hierbei handelt es sich um Presseerklärungen, Regierungserklärungen sowie Reden und Interviews.

Die Analyse der Textdokumente untersucht, welche Rolle die R2P bei den Sprechakteuren in Bezug auf die UN-Entscheidung einnimmt. Den theoretischen Rahmen bildet der Konstruktivismus, gemäß der Darstellung in Kapitel drei. Die abhängige Variable der Untersuchung ist die politische Entscheidung für bzw. gegen die Unterstützung einer militärischen Intervention. Die unabhängige Variable bilden die Ideen der politischen Entscheidungsträger, welche mittels der Analyse der Sprechakte herausgearbeitet werden.

Die Quellen werden mittels der inhaltlich-strukturierenden qualitativen Inhaltsanalyse analysiert, wobei sich das Vorgehen an Mayring (2010) und Kuckartz (2012) orientiert. Die qualitative Inhaltsanalyse bietet sich an, da mit ihr Texte zum einen systematisch auf ihren Sinngehalt hin analysiert werden können und zum anderen dadurch eine Vergleichbarkeit möglich wird. Die Kategorien der Untersuchung werden deduktiv aus der Forschungsfrage und der Hypothese abgeleitet. Die R2P kann zunächst die *Situationseinschätzung* beeinflussen (Kategorie eins). Hierbei geht es um die Einschätzung der Lage in Libyen durch

---

[7] Siehe hierzu Kapitel sechs.

die hier untersuchten Akteure. Normeinfluss äußert sich etwa durch eine direkte Bezugnahme auf die Norm oder indirekt, indem die Akteure ein Versagen der Responsibility to Protect erklären. Weiter vermag die R2P die *Verfahrensschritte* zu beeinflussen, was Kategorie zwei bildet. Hier wird untersucht, welches Vorgehen die Akteure in der Situation befürworten. Gemäß der R2P wäre etwa eine Prüfung der Lage denkbar, ob die Situation unter die R2P fällt oder eine Erklärung der Bereitschaft, das libysche Volk notfalls selbst zu schützen. Schließlich ist zu analysieren, wie die R2P die eigentliche Interventionsentscheidung strukturierte. Hierfür werden zwei Kategorien gebildet: Kategorie drei erfasst *normbasierte Begründungen*, während Kategorie vier *nicht-normbasierte Begründungen* zusammenfasst. In Kategorie drei fallen beispielsweise Aussagen, die klar herausstellen, dass die libysche Bevölkerung Schutz bedurfte, während Argumente gemäß Kategorie vier zum Beispiel die Sorge, in einen langanhaltenden Krieg hineingezogen zu werden, umfasst. Codiert werden Sinneinheiten, wobei die kleinste Analyseeinheit ein Satz bildet. Die folgenden Kapitel stellen Kontextfaktoren der Analyse dar. Hierzu wird zunächst die Entwicklung und der Inhalt der R2P aufgezeigt.

5 Von humanitärer Intervention zur Responsibility to Protect

Der Prozess eine neue Norm in den internationalen Beziehungen erfolgreich zu etablieren, ist mit bestimmten Bedingungen verbunden. Finnemore und Sikkink (1998: 895-905) entwickelten hierzu einen Norm „Life Cycle", wobei einzelne Normen nicht jede Stufe zwingend erreichen. Nach dem „Life Cycle" ist nach der Normentstehung wichtig, dass möglichst viele Akteure die Norm unterstützen, damit sie einen kritischen Punkt erreicht. Erst mit Erreichen dieses Punktes beginnt die Norm in großem Umfang den Politikprozess zu beeinflussen. Die Autoren nennen diese zweite Stufe „norm cascades". In der dritten Stufe ist die Norm dann so umfassend internalisiert, dass die Normbefolgung beinahe automatisch erfolgt. Zur Frage, welche Norm unter welchen Bedingungen Einfluss erlangt, identifizieren Finnemore und Sikkink (1998: 906-907) drei zentrale Faktoren: erstens, ob Staaten durch Normbefolgung ihre Legitimität und Reputation verbessern, zweitens wie bedeutsam die Norm oder die sie unterstützenden Staaten sind und drittens die intrinsischen Eigenschaften der Norm. Hierbei kann zwischen der klaren Definition einer Norm und dem Normgegenstand unterschieden werden. Klar definierte Normen und Normen mit universalistischen Anspruch besitzen bessere Durchsetzungschancen.

Das letztliche Ziel der neuen Norm der R2P ist die Verhinderung humanitärer Katastrophen. Humanitäre Katastrophen stellen eine der großen Herausforderungen der Staatengemeinschaft dar. Im 20. Jahrhundert starben circa 40 Millionen Menschen in zwischenstaatlichen Kriegen. 170 Millionen wurden dagegen durch ihre eigenen Regierungen getötet (Bellamy 2010b: 428).

Bisher ist eine Bearbeitung humanitärer Katastrophen aufgrund des Dilemmas zwischen staatlicher Souveränität und humanitärer Intervention äußerst schwierig. Auf der einen Seite gewährt die UN-Charta allen Staaten eine unverletzliche Souveränität und verbietet ein Eingreifen in die inneren Angelegenheiten eines Staates. Auf der anderen Seite sind humanitäre Interventionen zum Schutz von Menschen aufgrund der staatlichen Souveränität dadurch umstritten und schwierig zu rechtfertigen. Nach der UN-Charta kann nur der UN-Sicherheitsrat gegen einen Staat gerichtete Zwangsmaßnahmen beschließen, wobei eine militärische Intervention nur bei Gefährdung des Weltfriedens oder der internationalen Sicherheit zulässig ist (United Nations 1945). Aus dieser Lage heraus entstand eine Debatte, ob es Situationen gibt, in denen die Sicherheit von Menschen über die Souveränität eines Staates gestellt werden kann.[8] Die unautorisierte Intervention der NATO im Kosovo[9], welche als illegal aber dennoch legitim aufgrund der Umstände betrachtet wird, nahm Kofi Annan zum Anlass, die Staatengemeinschaft zu einer Lösung des Dilemmas zwischen humanitärer Intervention und staatlicher Souveränität aufzufordern (Bellamy 2010b: 433-435).

Die R2P hat das Ziel, das Dilemma zwischen staatlicher Souveränität und humanitärer Intervention aufzulösen und so die Gefahr humanitärer Katastrophen zu verringern. Im Auftrag der kanadischen Regierung entwickelte die International Commission on Intervention and State Sovereignty (ICISS) ab dem Jahr 2000 die Norm, um in der Frage humanitärer Interventionen einen globalen Konsens zu erreichen. Die Abkehr vom Recht auf Intervention hin zu einer Verantwortung eines Staates seine Bürger zu schützen, soll den Konflikt zwischen staatlicher Souveränität und dem Schutz von Menschen auflösen (Bellamy 2010b: 435).

Über den ICISS-Report fand die R2P Zugang in Vereinbarungen der Vereinten Nationen. Auf dem Weltgipfel 2005 einigten sich die Staaten in der Generalversammlung nach langen Verhandlungen einstimmig auf eine Übernahme der R2P, welche auf drei zentralen Pfeilern beruht. Erstens haben Staaten die Pflicht, die eigene Bevölkerung vor Genozid, ethnischen Säuberungen, Kriegsverbrechen und Verbrechen gegen die Menschlichkeit zu schützen. Die internationale Gemeinschaft soll zweitens die Staaten hierbei ermutigen und unterstützen. Sollte ein Staat dieser Verantwortung offenkundig nicht nachkommen, hat die internationale Gemeinschaft drittens die Verantwortung, diplomatische, humanitäre und andere friedliche Mittel zu nutzen, um die Bevölkerung dieses Staates zu schützen. Auch Zwangsmaßnahmen und militärische Mittel nach Kapitel VII der UN-Charta sind möglich, sofern der UN-Sicherheitsrat zustimmt. Die drei Säulen und die Maßnahmen innerhalb der Säulen sind je nach Situation unmittelbar anzuwenden. Die Umsetzung von

---

[8] Zur Debatte siehe Bellamy 2010b: 429-433.
[9] Russland drohte, jede Resolution die eine militärische Intervention zum Ziel hatte, durch ein Veto zu blockieren.

Maßnahmen des Sicherheitsrates soll in „a timely and decisive manner" erfolgen (Ki-Mun 2009: 8-27; UN-Generalversammlung 2005: 30). 2006 bestätigte der UN-Sicherheitsrat einstimmig die R2P in der Resolution 1674, welche den Schutz der Zivilbevölkerung als wichtige Aufgabe erfasste (UN-Sicherheitsrat 2006). Infolge hat der Sicherheitsrat die Schutzverantwortung in sein Rollenkonzept aufgenommen, wobei sowohl Interventionsgegner wie Interventionsbefürworter die R2P argumentativ nutzen. Die Strategie des Sicherheitsrats ist daher nicht deterministisch zu einem stärkeren Eingreifen in humanitäre Krisen gewechselt (Debiel u. a. 77-83). Ursächlich hierfür kann die Unbestimmtheit der zweiten und dritten Säule der R2P, sowie eine bisher nicht ausreichende Internalisierung der R2P sein. Die Möglichkeit, dass vom UN-Sicherheitsrat nicht autorisierte Interventionen dennoch in bestimmten Situationen legal sein können, sowie Kriterien, wann eine Intervention notwendig ist, wurden vom ICISS-Konzept nicht in die UN-Beschlüsse übernommen (Bellamy 2010b: 436). Bis zur Libyen-Intervention hatte der UN-Sicherheitsrat noch kein robustes, in die staatliche Souveränität eingreifendes Mandat auf Grundlage der R2P erlassen (Bellamy 2010a: 160-166).

Die R2P-Norm ist nach dem „Life Cycle" von Normen aufgrund der Übernahme durch die UN und der breiten Unterstützung durch die internationale Staatengemeinschaft in der Phase der „norm cascades". Der Normgegenstand ist jedoch problematisch und die Norm ist in der Frage der Umsetzung unklar definiert. Die positive Besetzung staatlicher Souveränität mit einer Schutzverpflichtung gegenüber der eigenen Bevölkerung ist aber eine Möglichkeit, das bisherige Dilemma zwischen Souveränität und humanitärer Interventionen aufzulösen. Das folgende Kapitel zeigt, wie die beiden hier untersuchten Länder die R2P unterstützten und in die eigene Außenpolitik aufnahmen.

6   Die Responsibility to Protect in der Außenpolitik Deutschlands und Großbritanniens

Sowohl Deutschland als auch Großbritannien zählen zu den Unterstützern der R2P. Negrón-Gonzales & Contarino (2014: 259-262) kommen in ihrer Studie, in der sie untersuchen, wie einzelne Länder auf die R2P reagierten, zu dem Ergebnis, dass beide Länder die R2P allgemein und im Besonderen den kontroversen dritten Pfeiler der R2P unterstützen.

Im Fall Deutschlands ist diese Unterstützung in den UN-Debatten und öffentlichen Positionspapieren sichtbar. Laut UN-Dokumenten unterstützt Deutschland die R2P und deren Umsetzung vollkommen, wobei Pfeiler zwei als der Innovativste angesehen wird (Matussek 2009; Responsibility to Protect 2010). Engagement in Bereichen, die unter die R2P fallen, zeigt beispielsweise der Aktionsplan „Zivile Krisenprävention, Konfliktlösung und Friedenskonsolidierung". Der Aktionsplan stellt die Notwendigkeit ziviler Krisenprävention heraus sowie das Ziel den Schutz der Menschenrechte durchzusetzen. Der Aktionsplan umfasst Strategien der Konfliktlösung sowie Schnittstellen zu militärischen Optionen (Bundesregierung 2004: 1-4). Direkten Bezug auf die R2P nimmt das Weißbuch 2006 des Bundesministeriums der Verteidigung (2006: 51-52). Das Weißbuch weist auf den Einsatz von Zwangsmaßnahmen zum Schutz der Menschenrechte hin und stellt den UN-Sicherheitsrat als Quelle legitimer militärischer Operationen heraus.

Großbritannien unterstützt ebenfalls die UN-Debatten und bezog die R2P in nationale Strategien ein. Großbritannien übernahm die R2P in die nationale Sicherheitsstrategie und betont in diesem Zusammenhang den Willen zu handeln, sollten Staaten ihre Schutzverantwortung vernachlässigen (Cabinet Office 2008: 48). Unter Bezugnahme auf die nationale Sicherheitsstrategie stellt Großbritannien den Schutz der Zivilbevölkerung auch im UN-Sicherheitsrat heraus (Parham 2010).

Beide hier analysierten Länder zeigen auf UN-Ebene wie auf nationaler Ebene Unterstützung für die R2P, wobei Großbritannien mit der Aufnahme in die nationale Sicherheitsstrategie eine stärkere Integration in die nationale Politikgestaltung vollzieht. Deutschland hat hier noch keine klare Strategie formuliert. Das nachfolgende Kapitel analysiert die Sprechakte der politischen Entscheidungsträger in beiden Ländern, um aufzuzeigen, wie die R2P die Entscheidungen zur Libyen-Resolution beeinflusste. Zu Beginn wird hierfür die Krisenentwicklung dargestellt.

7 Die Libyen-Intervention

7.1 Kontext

Die Libyen-Krise nahm Mitte Februar 2011 ihren Ausgang, als der arabische Frühling das Land erreichte. Der libysche Anwalt und Menschenrechtsaktivist Fathi Terbil wurde am 15. Februar 2011 in Bengasi verhaftet, in dessen Folge kam es zu heftigen Protesten und das Land geriet in einen Bürgerkrieg. Oppositionelle Kräfte konnten innerhalb weniger Wochen einige Städte im Osten und Westen des Landes sichern, ehe die Führungsstrukturen des Diktators Muammar Gaddafi den Konflikt beeinflussten. Über Jahrzehnte hinweg wirkte Gaddafi auf die Gesellschaftsstrukturen ein und konnte so die Herausbildung einer stabilen Mittelklasse sowie einer Staats- und Militärbürokratie verhindern. Das Militär agierte daher überwiegend als unselbstständige politische Kraft und folgte Gaddafis Befehl, die Rebellion militärisch zu zerschlagen und die verlorenen Städte zurückzuerobern. Mit schweren Waffen griff das Militär die eigene Bevölkerung unter Missachtung von Menschenrechten und humanitären Faktoren an und sorgte so für ein Gewaltausmaß, dass in den anderen Ländern des arabischen Frühlings so nicht auftrat (Müller 2011: 2). Mit der einstimmig am 26. Februar 2011 beschlossenen UN-Resolution 1970 verurteilte der UN-Sicherheitsrat unter anderem die Gewalt gegen die Zivilbevölkerung, stellte die Verantwortung der libyschen Führung dafür fest und sah die Gefahr, dass die ausufernde Gewalt zu Verbrechen gegen die

Menschlichkeit führt. Die libysche Regierung wurde daher an die Responsibility to Protect gegenüber der eigenen Zivilbevölkerung erinnert, mit Wirtschaftssanktionen belegt und zur Kooperation mit dem Internationalen Strafgerichtshof aufgefordert (UN-Sicherheitsrat 2011a).

Mit dem immer blutigeren Verlauf der Krise nahmen die Stimmen zu, welche ein Eingreifen der internationalen Staatengemeinschaft in Libyen forderten. Gaddafi ignorierte die UN-Resolution 1970 und so baten die Rebellen, nachdem sie zunächst ein äußeres Eingreifen ablehnten, um Unterstützung. Auch die Arabische Liga wandte sich mit der Forderung, das Blutvergießen in Libyen zu beenden, an den UN-Sicherheitsrat. Sie forderte eine Flugverbotszone und weitere Maßnahmen um die Zivilbevölkerung zu beschützen (Müller 2011: 4 u. 6). Ein durch Frankreich, Großbritannien und dem Libanon am 17. März 2011 eingebrachter Resolutionsentwurf sollte diese Flugverbotszone und weitere Maßnahmen legitimieren. Gaddafi reagierte auf diese Pläne, indem er ankündigte „heute Nacht" nach Bengasi zu kommen und den Verrätern keine Gnade zu gewähren. Dazu werden sie von Haus zu Haus gehen und sie jagen. Denen, die ihre Waffen niederlegen, verspricht er dagegen Gnade (New York Times 2011). Müller (2011: 6) sah dieses Versprechen – unter der Betrachtung von Gaddafis Handeln in der Vergangenheit – als wenig glaubwürdig an. Regierungen und unabhängige Beobachter sahen vor diesem Hintergrund die Gefahr, dass Zehntausende Libyer durch Gaddafis Pläne zu Tode kommen würden (Pape 2012: 64). Der UN-Sicherheitsrat nahm die eingebrachte Resolution 1973 mit zehn Ja-Stimmen und fünf Enthaltungen an.[10] Die Resolution stellte unter anderem die Missachtung der Resolution 1970 durch Libyen fest und forderte zu einem sofortigen Waffenstillstand auf. Ferner stellte die Resolution durch die Situation in Libyen eine Bedrohung für den internationalen Frieden und die Sicherheit fest. Weiter legitimierte die Resolution alle notwendigen Maßnahmen zum Schutz der Zivilbevölkerung mit Ausnahme der Besetzung von Land durch ausländische Streitkräfte. Wie die Resolution 1970 verwies die Resolution 1973 auf die Verpflichtung Libyens, die eigene Zivilbevölkerung zu schützen und betonte die Souveränität und Integrität Libyens (UN-Sicherheitsrat 2011b). Das nächste Kapitel analysiert den deutschen Entscheidungsprozess der zur Enthaltung bei der Abstimmung führte.

7.2 Die Analyse des Entscheidungsprozesses in Deutschland

Bei der Kategorie der Situationseinschätzung zeigen Außenminister Westerwelle und Bundeskanzlerin Merkel eine klare Verurteilung des Gaddafi-Regimes und seiner Taten,

---

[10] Dafür stimmten: Bosnien und Herzegowina, Kolumbien, Frankreich, Gabun, Libanon, Nigeria, Portugal, Südafrika, Vereinigte Königreich und die USA. Dagegen stimmten: Brasilien, China, Deutschland, Indien und Russland.

wobei kein Bezug zur R2P hergestellt wird, weder durch eine direkte Erwähnung der Norm noch durch Äußerungen, die eine Verantwortung Deutschlands herstellen. Außenminister Westerwelle sieht in Libyen einen Krieg gegen das eigene Volk und eine Bedrohung des Volkes durch einen andauernden Bürgerkrieg, forciert durch die Regierung. Für ihn bekämpft die Regierung das eigene Volk mit Krieg, Mord und Totschlag und das bis zur „letzten Patrone". Westerwelle betrachtet daher die Herrscherfamilie und Diktator Gaddafi als am Ende und stellt mehrfach klar, dass Gaddafi die Regierungsgewalt abgeben muss. Gaddafi steht außerhalb der Völkergemeinschaft, hat jegliche Legitimation verloren und spricht nicht mehr für das libysche Volk (Westerwelle 2011a; 20011b; 2011c; 2011d; 2011e; 2011f; 2011g; 2011i; 2011k). Am 16.3.2011 stellt er fest: „Die Entscheidung über den richtigen Weg im Angesicht menschenverachtender Gewalt ist alles andere als einfach" (Westerwelle 2011g). Auch Bundeskanzlerin Angela Merkel teilt die Auffassung, dass Gaddafi einen Krieg gegen sein eigenes Volk führt und jegliche Legitimation verloren hat (Merkel 2011a; 2011b; 2011d; 2011e; 2011f; 2011g; 2011h; 2011i; 2011j; 2011m).

Die Kategorie der Verfahrensschritte ist geprägt durch die Forderung nach Sanktionen und der Notwendigkeit eine gemeinsame Position der Staatengemeinschaft zu finden. Auch in der Frage des Vorgehens stellen die Akteure keinen Bezug zu R2P her. Entsprechend der Forderung nach Sanktionen betont Westerwelle Deutschlands Vorreiterrolle bei der Sanktionsverhängung gegen das libysche Regime. Ziel dieser Sanktionen ist, die Geldmittel des Regimes einzufrieren, damit Gaddafi seine Truppen nicht mehr bezahlen kann. Dadurch soll die Gewalt gegen das Volk zum Erliegen kommen (Westerwelle 2011a; 2011b; 2011c; 2011e; 2011f; 2011g; 2011h; 2011i; 2011j; 2011k; 2011l). Ein weiterer Faktor, den Westerwelle herausstellt, ist die Befassung des Internationalen Strafgerichtshof mit den Vorkommnissen. Hier muss der Diktator zur Verantwortung gezogen werden (Westerwelle 2011c; 2011g; 2011k). Die Möglichkeit einer militärischen Intervention verwirft Westerwelle am 01.03.2011 in einem Interview zunächst als Spekulation (Westerwelle 2011c). Im weiteren Verlauf betrachtet Westerwelle eine diskutierte Flugverbotszone als Option, die einer Prüfung bedarf. Voraussetzungen hierfür sind ein UN-Mandat, die Zustimmung der Arabischen Liga sowie eine Beteiligung der Arabischen Liga an etwaigen militärischen Maßnahmen (Westerwelle 2011d; 2011e; 2011f; 2011i). Die Forderung nach einer Flugverbotszone durch die Arabische Liga am 12.03.2011 begrüßt Westerwelle, die Verantwortung für das weitere Handeln sieht er jedoch bei den Staaten der Region (Westerwelle 2011g). Auch nach der Forderung der Arabischen Liga sieht Westerwelle Sanktionen als die zentrale Maßnahme und fordert deren Verschärfung (ebd.). Bundeskanzlerin Merkel teilt die Forderung nach Sanktionen gegen das Gaddafi-Regime und ist gegenüber militärischen Mitteln ebenso skeptisch (Merkel 2011a; 2011c; 2011d; 2011h; 2011i; 2011j; 2011k). Wie Westerwelle sieht Merkel ein UN-Mandat und eine aktive Rolle der regionalen Länder und Organisationen als wichtige Voraussetzung für das weitere Handeln (Merkel 2011d; 2011e). Trotz militärischer Nichtteilnahme bringt Merkel ihre volle Unterstützung für die UN-Resolution 1973 zum Ausdruck und hofft auf deren Erfolg (Merkel 2011g; 2011l; 2011m).

Bei der Frage der Begründung der Entscheidung hat Westerwelle fast ausschließlich nicht-normbasiert argumentiert (Kategorie vier). Für normorientierte Begründungen gemäß der R2P (Kategorie drei) konnte lediglich folgende Aussage gefunden werden: „Die Bundeswehr wird nicht nach Libyen geschickt. Das heißt nicht, dass wir neutral wären. Wir teilen das Ziel des Schutzes der Zivilbevölkerung und natürlich auch das Ziel, dass dem Diktator Einhalt geboten werden muss" (Westerwelle 2011o; siehe auch Westerwelle 2011k; 2011t). Von dieser Aussage abgesehen, ist das zentrale Argument für Westerwelle, eine schiefe Ebene zu vermeiden, an deren Ende Deutschland Teil eines militärischen Konflikts ist. Deutschland darf keine Partei in einem Bürgerkrieg werden und deutsche Soldaten dürfen nicht Teil eines Krieges in Libyen werden. Hier ist aus den Erfahrungen zu lernen, insbesondere im Irak (Westerwelle 2011e; 2011f; 2011i; 2011l; 2011m; 2011n; 2011g; 2011h; 2011r). Westerwelle stellt ferner fest, dass Deutschland nicht überall Soldaten hinschicken kann, wo Unrecht geschieht, auch wenn es ein geschlossenes Vorgehen gegen das Unrecht gibt. Wenn Deutschland in Libyen interveniert, müsste in anderen Ländern ebenso interveniert werden (Westerwelle 2011h; 2011k). Weiter sieht Westerwelle die Gefahr, die Demokratiebewegung in der Region durch ein militärisches Eingreifen zu schwächen, weswegen die Konsequenzen des Handelns für die arabische Welt zu beachten sind (Westerwelle 2011g; 2011j; 2011p). Er befürchtet durch ein Eingreifen mehr Gewalt und zivile Opfer und betont, dass eine Flugverbotszone eine militärische Intervention ist (Westerwelle 2011h; 2011i; 2011k; 2011l). Bei einer möglichen Intervention sieht Westerwelle die Gefahr, dass die Flugverbotszone nicht ausreicht, um die Gewalt zu beenden. In diesem Fall stellt er die Frage, ob dann nicht auch die Panzer des Regimes angegriffen und in weiterer Konsequenz Bodentruppen zum Einsatz kommen müssten (Westerwelle 2011g; 2011h; 2011i; 2011j; 2011l; 2011p). Für Westerwelle ist Krieg aufgrund der jüngeren Geschichte keine Lösung und die Verantwortung sieht er zunächst bei den Staaten der Region, den arabischen Staaten und den Nachbarstaaten der Arabischen Liga. Diese müssen mit ihren eigenen Armeen ihrer Verantwortung nachkommen (Westerwelle 2011h; 2011l; 2011p). Auch der Beistandsersuch der Oppositionsbewegung änderte an der Einschätzung der primären Verantwortung bei den Staaten in der Region nichts (Westerwelle 2011l). Deutschland steht zwar an der Seite derjenigen, die wegen ihrer Forderung nach Demokratie, unterdrückt, gequält, gefoltert oder gemordet werden, die Frage einer militärischen Intervention und eine mögliche deutsche Beteiligung daran ist davon jedoch zu trennen (Westerwelle 2011k). Aufgrund dieser Faktoren betrachtet Westerwelle Sanktionen als die richtige Handlungsweise. Die Anwendung militärischer Mittel, bevor alle Sanktionsmöglichkeiten erschöpft sind, sind für Westerwelle ein Widerspruch. Ein Kampfeinsatz kann nur das letzte Mitte sein (Westerwelle 2011n). Libyen braucht eine politische Lösung, keine militärische. Be militärischen Einsätzen ist immer das Ende zu bedenken (Westerwelle 2011q; 2011s; 2011t).

Wie Außenminister Westerwelle begründet Bundeskanzlerin Merkel die Entscheidung zur UN-Resolution 1973 fast ausschließlch ohne Bezug zur R2P. Auch bei ihr ist eine eindeutige Zuordnung ihrer Argumentatioren zur Kategorie drei nicht möglich. Zwar betont sie, dass Deutschlands Enthaltung bei der Abstimmung ausschließlich auf die militärischen Maßnahmen zurückzuführen ist, die Ziele der Resolution aber teilt sie vollends (Merkel 2011f; 2011j). Auf direkte Nachfrage, wann der Punkt erreicht ist, an dem sie für eine Intervention in Libyen stimmen würde, antwortet sie mit Bezug auf Afghanistan jedoch, dass zum Beispiel eine direkte Sicherheitsgefährdung für Europa vorliegen müsse. Bei einer erneuten Nachfrage äußert Merkel diesbezüglich keine abschließende Aufzählung für die Voraussetzungen zu geben (Merkel 2011e). Ein weiteres Argument von Bundeskanzlerin Merkel ist, dass Deutschland in der Vergangenheit an militärischen Einsätzen teilnahm, während andere Länder dies nicht taten. Die Regierung kann daher sehr gelassen in dieser Frage argumentieren (Merkel 2011h).

Zusammenfassend zeigt die Analyse, dass die R2P nur geringen Einfluss auf den Entscheidungsprozess hatte. Beide Akteure sehen die Gewalttaten des Regimes als einen Krieg gegen das eigene Volk, stellen dies aber nicht in Beziehung zur R2P. Dieser geringe Bezug wird auch in der Kategorie der Verfahrensschritte sichtbar. Hier hätte Deutschland eine aktive Rolle einnehmen und zum Beispiel prüfen lassen können, ob die Libyen-Krise unter die Norm fällt. Stattdessen verbleibt die deutsche Haltung trotz Zunahme der unmittelbaren Gewaltbedrohung für die Zivilbevölkerung bei der Forderung nach Sanktionen. Die R2P sieht jedoch situationsangemessene Maßnahmen vor. Scheinbar kam es aber zu keiner Neubewertung der Situation. Ebenso äußerten die Akteure nicht die Einschätzung, Libyen sei kein Fall der R2P. Bei der Entscheidungsbegründung zeigen beide Politiker einerseits ihre Unterstützung für die UN-Resolution. Andererseits stehen die weiteren Begründungen im Widerspruch zur R2P. Während Westerwelle eine klare Trennung zwischen Verbrechen an der eigenen Bevölkerung und einer möglicherweise daraus resultierenden militärischen Intervention sieht, betrachtet Merkel einen möglichen Interventionsgrund bei der Gefährdung deutscher Interessen. Auch Westerwelles Vergleich mit dem Irak und die Betonung, dass deutsche Soldaten nicht an einem „Krieg" teilnehmen werden, passt nicht zur R2P. Der Irak-Krieg war eine völkerrechtswidrige Invasion, im Falle Libyen ging es um eine humanitäre Intervention legitimiert durch eine UN-Resolution. Ebenso wird die Verantwortungsübertragung auf die Länder der Region nicht von der R2P gedeckt. Nach der Norm geht die Verantwortung auf die Staatengemeinschaft über, wobei regionale Akteure möglichst einzubeziehen sind. Das folgende Kapitel analysiert den Entscheidungsprozess in Großbritannien.

7.3 Die Analyse des Entscheidungsprozesses in Großbritannien

In der Kategorie der Situationseinschätzung zeigen Premierminister Cameron und Außenminister Hague eine Verurteilung der Vorgänge in Libyen und stellen ein Versagen der Responsibility to Protect durch die libysche Regierung fest. Hague sieht in Libyen eine betrübliche Gewalt, welche inakzeptabel ist. Die Gewalt gegen Demonstranten und gegen die weitere Bevölkerung stellt eine Gefahr für die libysche Bevölkerung und die weitere Region dar (Hague 2011a; 2011b; 2011c; 2011e; 2011f; 2011l). In diesem Zusammenhang stellt Hague den Verlust von Leben in Libyen durch die Attacken des Regimes heraus und sieht die Responsibility to Protect gegenüber der eigenen Bevölkerung als gescheitert an (Hague 2011d; 2011f; 2011g). Aufgrund der anhaltenden Gewalttaten hat das Regime Gaddafi seine Legitimität verloren, muss die Macht abgeben und die Gewalt gegen die eigene Bevölkerung einstellen (Hague 2011i; 2011j; 2011k). Auch der britische Premierminister David Cameron verurteilt die Gewalt des Gaddafi-Regimes gegen das eigene Volk. Für Cameron überzieht die libysche Regierung das eigene Volk mit einem Krieg mit barbarischen Mitteln und die Welt sieht zu (Cameron 2011a; 2011b; 2011c; 2011d; 2011e; 2011f; 2011g; 2011h).

Bei den Verfahrensschritten betonen die Akteure den Willen, das libysche Regime für seine Taten zur Verantwortung zu ziehen und zeigen die Bereitschaft, alles Notwendige zu tun, um weitere Opfer in der libyschen Bevölkerung zu verhindern. Zu Beginn der Krise forderte der britische Außenminister die libysche Regierung dazu auf, die Verantwortung für die Sicherheit der eigenen Bevölkerung zu übernehmen, die Menschenrechte sowie internationales Recht zu achten und bei der Aufklärung der Krise zu kooperieren. Die Verantwortlichen für die Taten müssen zur Rechenschaft gezogen werden. Der UN-Sicherheitsrat soll hierfür Einfluss ausüben (Hague 2011b; 2011c; 2011d; 2011f; 2011r). Hague bringt weitergehend die Entschlossenheit zum Ausdruck, die Zivilbevölkerung von Libyen zu beschützen (Hague 2011h). Beim weiteren Vorgehen präferiert Hague eine gemeinsame Haltung der Staatengemeinschaft, um Libyen zu isolieren und fordert dafür Sanktionen. Darüber hinaus forciert die Regierung für alle Eventualitäten Pläne, wie etwa eine Flugverbotszone, die Evakuierung von Zivilisten, humanitäre Hilfe oder ein internationales Waffenembargo. Für eine mögliche Flugverbotszone sind für Hague drei Bedingungen zentral: internationale Unterstützung, eine rechtliche Grundlage und ein klarer Auslöser (Hague 2011j; 2011k; 2011l; 2011t). Im weiteren Verlauf stellt Hague klar, dass die militärischen Maßnahmen auf Grundlage der UN-Resolutionen 1970 und 1973 solange anhalten, bis das Regime die Angriffe auf Zivilisten einstellt. Weitere Bedingungen sind ein funktionierender Waffenstillstand, ein Rückzug der Regierungstruppen aus den Städten und ungehinderte humanitäre Hilfe. Ferner stellt Hague heraus, dass Gaddafi die Macht abgeben muss, damit die lybischen Menschen ihre Zukunft selbst bestimmen können (Hague 2011m; 2011v). Wie Hague vertritt Cameron die Auffassung, über den UN-Sicherheitsrat Druck auf die libysche Regierung auszuüben und stellt klar, dass die Handlungen des Regimes Konsequenzen haben (Cameron 2011c; 2011d). Ziel des Vorgehens ist, das Gaddafi-Regime zu isolieren, die Gewalt zum Ende zu bringen und die Vorfälle aufzuklären. Bereits am 28.02.2011 macht Cameron hierbei deutlich, der Gewalt gegen das Volk in Libyen notfalls mit militärischen Mitteln im Rahmen einer Flugverbotszone zu begegnen. Als Voraussetzungen dafür gibt er einen Auslöser zum Handeln, breite Unterstützung und Legitimität an. Sollte die Brutalität gegen das eigene Volk weitergehen, muss Großbritannien für militärische Maßnahmen bereit sein. Darüber hinaus vertritt er die Notwendigkeit von Sanktionen und eine Aufklärung durch den internationalen Strafgerichtshof (Cameron 2011a; 2011e; 2011f). Ziel aller Maßnahmen ist, eine humanitäre Katastrophe zu verhindern (Cameron 2011h).

Bei den Begründungen zur Entscheidung zur UN-Resolution 1973 argumentiert Außenminister Hague fast ausschließlich normbasiert (Kategorie drei) und nur selten mittels nicht-normbasierter Argumente (Kategorie 4). Für Hague (2011m; 2011n) ist die UN-Resolution der Ausdruck des Willens, nicht tatenlos zuzusehen, während das Regime Gaddafi seine eigene Bevölkerung mit brutalen Angriffen attackiert. Mit der Aufforderung der Arabischen Liga eine Flugverbotszone einzurichten sowie dem Willen zur Beteiligung daran, der UN-Resolution 1973 und Gaddafis Äußerungen in den Tagen vor der Resolutionsentscheidung, sind für Hague alle vorher gesetzten Bedingungen erfüllt. Daher ist die Zeit zum Handeln gekommen.

> So, as of tonight those three criteria are satisfied and fulfilled and this places a responsibility on members of the United Nations and that is a responsibility to which the United Kingdom will now respond (Hague 2011m).

Das Eingreifen rettete viele Leben, verhinderte ein humanitäres Desaster in Bengasi und erzielte einen Erfolg zum Schutz der Zivilbevölkerung (Hague 2011o; 2011p). Auch in einer Parlamentserklärung betont er den Auftrag die Zivilbevölkerung zu schützen, was die UN-Resolution 1973 ermögliche. Die Handlungen Großbritanniens retten Leben und Schützen Hunderttausende Libyer. Die internationale Gemeinschaft wird nicht zusehen, wie Gaddafi Zivilisten tötet (Hague 2011q). Großbritannien intervenierte mit seinen Alliierten um Leben zu retten und eine humanitäre Katastrophe zu verhindern. Das Vorgehen ist daher legal, notwendig und richtig (Hague 2011r; 2011s). Den Vorwurf, zu schnell mit militärischen Maßnahmen zu reagieren, negiert Hague (2011u; 2011v) mit der Aussage, dass unmittelbares Handeln notwendig war, da ansonsten mehrere Tausend Menschen getötet worden wären. Nicht zu handeln, hätte weitergehend die Stabilität in Ägypten und Tunesien negativ beeinflusst. In der Kategorie der nicht-normbasierten Argumente verweist Hague (2011n; 2011v) zum einen auf das Interesse Großbritanniens mit Libyen keinen weiteren Schurkenstaat entstehen zu lassen, welcher als Quelle für Extremismus und Terrorismus dienen könnte. Zum anderen vergrößert das Eingreifen Großbritanniens die Chance der libyschen Bevölkerung die Zukunft des Landes selber zu gestalten (Hague 2011p).

Auch Cameron argumentiert bei der Entscheidungsbegründung zur UN-Resolution 1973 überwiegend normbasiert (Kategorie drei). Mit dem Vormarsch der Regierungstruppen auf Bengasi, der breiten Unterstützung durch Staaten der Region sowie der Bitte der libyschen Rebellen und schließlich durch die UN-Resolution 1973 sind alle Bedingungen für militärische Maßnahmen erfüllt. Ziel der militärischen Aktionen ist die Attacken auf die Zivilbevölkerung zu beenden (Cameron 2011h; 2011k). Das militärische Vorgehen ist nach Cameron notwendig, da die Zivilbevölkerung Schutz vor den Regierungstruppen braucht und es ist richtig, da Großbritannien nicht zusehen sollte, während der Diktator seine eigene Bevölkerung ermordet. Nichts zu tun, würde bedeuten ein Zeichen an Gaddafi zu senden, dass er seine eigene Bevölkerung weiterhin angreifen kann. Es reicht nicht aus, die Gewalt zu verurteilen ohne zu versuchen die Gewalt zu beenden. Cameron sieht daher eine Verpflichtung bei den Mitgliedern des UN-Sicherheitsrats, welche die Resolution unterstützten, für deren Durchsetzung zu sorgen (Cameron 2011i). Die ergriffenen militärischen Maßnahmen retteten Bengasi und verhinderten ein Massaker. Die Maßnahmen werden solange fortgesetzt, wie es notwendig ist, um die libysche Bevölkerung zu schützen (Cameron 2011l; 2011m). Bei den nicht-normbasierten Argumenten (Kategorie vier) sieht Cameron (2011f; 2011g) die Gefahr der Entstehung eines Schurkenstaats unter Gaddafi direkt vor der europäischen Grenze. Ein Sieg Gaddafis hätte weitergehend negative Auswirkung auf die Demokratisierungschancen der anderen Staaten der Region. Darüber hinaus sieht er die Gefahr eines Flüchtlingsstroms, welcher Europa unter Druck setzen könnte. Eine größere Offenheit in der Region wird dagegen auf lange Sicht Stabilität und Wachstum bringen (Cameron 2011j).

Zusammenfassend zeigt die Analyse eine maßgebliche Strukturierung des Entscheidungsprozesses durch die R2P. Hague und Cameron verurteilen beide das Vorgehen des libyschen Regimes und sehen die Regierung in ihrer Responsibility to Protect gegenüber der eigenen Bevölkerung als gescheitert an. Der Einfluss der R2P wird auch bei den Verfahrensschritten deutlich. Hier fordern beide Akteure das Gaddafi-Regime zur Übernahme der Responsibility to Protect auf und erklären die Bereitschaft, die Zivilbevölkerung notfalls selbst zu beschützen. Hierfür werden bereits frühzeitig militärische Maßnahmen geprüft und an konkrete Bedingungen geknüpft. Als diese Bedingungen schließlich erfüllt waren, startete Großbritannien mit anderen Ländern die militärische

Operation. Die zu erwartende Eskalation des Konflikts in Bengasi war für Großbritannien der Auslöser, um gemäß der R2P zeitnah und entschieden zu handeln. Hague und Cameron begründen das Vorgehen entsprechend der R2P mit der Verantwortung, die Großbritannien für das libysche Volk hat.

8 Schlussbetrachtung

Diese Arbeit hat den Einfluss der R2P auf die Entscheidung zur Intervention in Libyen im Rahmen der UN-Resolution 1973 untersucht. Dabei konnte gezeigt werden, dass die R2P den Entscheidungsprozess in Großbritannien maßgeblich beeinflusste, während in Deutschland der R2P-Einfluss sehr gering war. Die Hypothese konnte bestätigt werden.

Die Analyse der Kommunikationsakte in Deutschland zeigte eine Argumentation mit sehr geringem Bezug zur R2P. Die Kommunikation von Außenminister Westerwelle und Bundeskanzlerin Merkel war in der Untersuchung konsistent. Beide Akteure verurteilten die Situation in Libyen auf das Schärfste, eine mögliche Intervention wurde jedoch nicht als Maßnahme zum Schutz der Zivilbevölkerung angesehen, sondern als Beteiligung an einem Krieg. Ein Krieg unter Beteiligung deutscher Soldaten ist aber unbedingt zu vermeiden. Da die UN-Resolution 1973 explizit eine Intervention zum Schutz der Zivilbevölkerung ohne Beteiligung von Bodentruppen vorsieht, kann die Betonung beider Akteure eines möglichen „Kriegs" ein Versuch einer Umdefinierung der Lage sein. Das Ziel könnte hierbei sein, die Situation gemäß den eigenen Interessen darzustellen. Auch der Umstand der geringen Situationsbewertung zeigt den geringen Einfluss der R2P. Der Vormarsch und die Androhung massiver Gewalttaten führte zu keiner Änderung der Situationseinschätzung. Dies deckt sich mit der Auffassung, Gewaltverbrechen gegen eine Bevölkerung von militärischen Maßnahmen zur Hilfe strikt zu trennen. Zusammen mit der Verantwortungsübertragung auf andere Länder zeigt dies den geringen Einfluss der R2P auf beide Akteure und damit auf die Bearbeitung der Krise.

Die Untersuchung im Fall Großbritanniens zeigt dagegen eine Kommunikation, welche zum Großteil auf den Prämissen der R2P beruht. Auch in Großbritannien waren die Argumentationen der beiden untersuchten Akteure deckungsgleich. Sie stellten frühzeitig klar, dass Libyen seiner Responsibility to Protect nicht nachkommt, und sahen notfalls Großbritannien in der Pflicht, für den Schutz der Zivilbevölkerung zu sorgen. Die frühzeitige Ankündigung militärischer Maßnahmen unterstreicht dies. Mit dem Vormarsch auf Bengasi sowie der Kommunikation des Libyen-Regimes diesbezüglich, der Unterstützung der Staaten der Region und der UN-Resolution wurden die durch die Akteure festgelegten Bedingungen für eine militärische Intervention erfüllt. Der britische Premierminister und der Außenminister sahen daher Großbritannien in der Pflicht, der Verantwortung nachzukommen und das libysche Volk zu schützen, und zwar so lange, wie es in Gefahr ist. Dies bildet das zentrale Argument für die Interventionsbegründung.

Diese Arbeit analysierte über Sprechakte den Stellenwert der R2P für politische Entscheidungsträger. Für die Fragestellung war dies ausreichend. Weitergehend wäre zu untersuchen, wie der gesellschaftliche Konsens in dieser Frage war. Dies kann auf die politischen Entscheidungsträger einwirken und die Entscheidung beeinflussen. Dass beispielsweise bei den durchgeführten Interviews mit Außenminister Westerwelle nicht gefragt wurde, ob Deutschland mit der Enthaltung seine internationale Verantwortung zum Schutz der libyschen Bevölkerung vernachlässigt, lässt eine geringe Relevanz vermuten.

9 Literatur- und Quellenverzeichnis

Bellamy, Alex J. 2010a: The Responsibility to Protect – Five Years On, in: Ethics & International Affairs, 24: 2, 143-169, doi: 10.1111/j.1747-7093.2010.00254.x.

Bellamy, Alex J. 2010b: Humanitarian Intervention, in: Dunn Cavelty, Myriam/Mauer, Victor (Hrsg.): *The Routledge Handbook of Security Studies*, Abingdon: Routledge, 428-438.

Bellamy, Alex J. 2011: Libya and the Responsibility to Protect: The Exception and the Norm, in: Ethics & International Affairs, 25: 3, 263-269, doi: 10.1017/S0892679411000219.

Bellamy, Alex J./Williams, Paul D. 2011: The new politics of protection?
Côte d'Ivoire, Libya and the responsibility to protect, in: International Affairs, 87: 4, 825-850, doi: 10.1111/j.1468-2346.2011.01006.x.

Bellamy, Alex J. 2015: The Responsibility to Protect Turns Ten, in: Ethics & International Affairs, 29: 2, 161-185, doi: 10.1017/S0892679415000052.

Brock, Lothar 2013: Dilemmata des internationalen Schutzes von Menschen vor innerstaatlicher Gewalt. Ein Ausblick, in: Die Friedens-Warte, 88: 1-2, 163-185.

Bundesministerium der Verteidigung 2006: Weißbuch 2006 zur Sicherheitspolitik Deutschlands und zur Zukunft der Bundeswehr, [online]
http://www.bmvg.de/resource/resource/MzEzNTM4MmUzMzMyMmUzMTM1MzMyZTM2Mzl
zMDMwMzAzMDMwMzAzMDY5Mzk2NTMxMzM2OTdhNjEyMDIwMjAyMDIw/Wei%C3%9Fb
uch%202006.pdf [Stand: 08.03.2016].

Bundesregierung 2004: Aktionsplan „Zivile Krisenprävention, Konfliktlösung
und Friedenskonsolidierung", [online] http://www.auswaertiges-amt.de/cae/servlet/contentblob/384230/publicationFile/4345/Aktionsplan-De.pdf [Stand: 08.03.2016].

Cabinet Office 2008: The National Security Strategy of the United Kingdom. Security in an interdependent world, [online]
https://www.gov.uk/government/uploads/system/uploads/attachment_data/file/228539/7291.pdf [Stand: 08.03.2016].

Cameron, David 2011a: Press conference with Prime Minister of Kuwait, Presseerklärung am 22.02.2011, [online] https://www.gov.uk/government/speeches/press-conference-with-prime-minister-of-kuwait [Stand: 08.03.2016].

Cameron, David 2011b: Prime Minister's speech to the National Assembly Kuwait, Rede am 22.02.2011, [online] https://www.gov.uk/government/speeches/prime-ministers-speech-to-the-national-assembly-kuwait [Stand: 08.03.2016].

Cameron, David 2011c: Press conference with the Prime Minister of Qatar, Presseerklärung am 23.02.2011, [online] https://www.gov.uk/government/speeches/press-conference-with-the-prime-minister-of-qatar [Stand: 08.03.2016].

Cameron, David 2011d: Transcript of the PM's YouTube interview in Oman, Interview am 26.02.2011, [online] https://www.gov.uk/government/speeches/transcript-of-the-pms-youtube-interview-in-oman [Stand: 08.03.2016].

Cameron, David 2011e: Prime Minister's statement on Libya, Parlamentsrede am 28.02.2011, [online] https://www.gov.uk/government/speeches/prime-ministers-statement-on-libya--2 [Stand: 08.03.2016].

Cameron, David 2011f: Press conference in Brussels, Presseerklärung am 11.03.2011, [online] https://www.gov.uk/government/news/press-conference-in-brussels [Stand: 08.03.2016].

Cameron, David 2011g: Statement from the PM on Japan and the Middle East, Parlamentsrede am 14.03.2011, [online] https://www.gov.uk/government/speeches/statement-from-the-pm-on-japan-and-the-middle-east [Stand: 08.03.2016].

Cameron, David 2011h: PM statement on the UN Security Council Resolution on Libya, Parlamentsrede am 18.03.2011, [online] https://www.gov.uk/government/speeches/pm-statement-on-the-un-security-council-resolution-on-libya [Stand: 08.03.2016].

Cameron, David 2011i: Prime Minister's statement on Libya, Presseerklärung am 19.03.2011, [online] https://www.gov.uk/government/speeches/prime-ministers-statement-on-libya [Stand: 08.03.2016].

Cameron, David 2011j: PM statement to the House on Libya, Parlamentsrede am 21.03.2011, [online] https://www.gov.uk/government/speeches/pm-statement-to-the-house-on-libya [Stand: 08.03.2016].

Cameron, David 2011k: Press conference at European Council, Presseerklärung am 25.03.2011, [online] https://www.gov.uk/government/speeches/press-conference-at-european-council [Stand: 08.03.2016].

Cameron, David 2011l: PM's speech at London Conference on Libya, Rede am 29.03.2011, [online] https://www.gov.uk/government/speeches/pms-speech-at-london-conference-on-libya [Stand: 08.03.2016].

Cameron, David 2011m: Turkish Prime Minister press conference, Presseerklärung am 1.04.2011, [online] https://www.gov.uk/government/speeches/turkish-prime-minister-press-conference [Stand: 08.03.2016].

Davidson, Jason W. 2013: France, Britain and the intervention in Libya: an integrated analysis, in: Cambridge Review of International Affairs, 26: 2, 310-329, doi: 10.1080/09557571.2013.784573.

Debiel, Tobias/Goede, Nils/Niemann, Holger/Schütte, Robert 2009: Vom „neuen Interventionismus" zur R2P. Die Entwicklung einer Menschenrechtsschutznorm im Rahmen des Sicherheitsrats der Vereinten Nationen, in: Die Friedens-Warte, 84: 1, 53-88.

Finnemore, Martha/Sikkink, Kathryn 1998: International Norm Dynamics and Political Change, in: International Organization, 52: 4, 887-917.

Gallagher, Adrian 2014: What constitutes a 'Manifest Failing'? Ambiguous and inconsistent terminology and the Responsibility to Protect, in: International Relations, 28: 4, 428-444, doi: 10.1177/0047117814552144.

Hague, William 2011a: British Government concerned by reports of violence in the Middle East, Presseerklärung am 19.02.2011, [online] https://www.gov.uk/government/news/british-government-concerned-by-reports-of-violence-ir-the-middle-east [Stand: 08.03.2016].

Hague, William 2011b: Foreign Secretary describes situation in Libya as "deplorable and unacceptable", Presseerklärung am 21.02.2011, [online] https://www.gov.uk/government/news/foreign-secretary-describes-situation-in-libya-as-deplorable-and-unacceptable [Stand: 08.03.2016].

Hague, William 2011c: UK calls for UN action on Libya, Presseerklärung am 22.02.2011, [online] https://www.gov.uk/government/news/uk-calls-for-un-action-on-libya [Stand: 08.03.2016].

Hague, William 2011d: Foreign Secretary on Libya, Presseerklärung am 23.02.2011, [online] https://www.gov.uk/government/news/foreign-secretary-on-libya [Stand: 08.03.2016].

Hague, William 2011e: Foreign Secretary to attend UN Human Rights Council in Geneva, Presseerklärung am 28.02.2011, [online] https://www.gov.uk/government/news/foreign-secretary-to-attend-un-human-rights-council-in-geneva [Stand: 08.03.2016].

Hague, William 2011f: Foreign Secretary attends UN Human Rights Council in Geneva, Presseerklärung am 1.03.2011, [online] https://www.gov.uk/government/news/foreign-secretary-attends-un-human-rights-council-in-geneva [Stand: 08.03.2016].

Hague, William 2011g: Foreign Secretary welcomes decision to suspend Libya from the Human Rights Council, Presseerklärung am 1.03.2011, [online] https://www.gov.uk/government/news/foreign-secretary-welcomes-decision-to-suspend-libya-from-the-human-rights-council [Stand: 08.03.2016].

Hague, William 2011h: Libyan Ambassador to UK expelled, Presseerklärung am 1.03.2011, [online] https://www.gov.uk/government/news/libyan-ambassador-to-uk-expelled [Stand: 08.03.2016].

Hague, William 2011i: Foreign Secretary calls for an 'immediate stop to the use of armed force against the Libyan people', Presseerklärung am 6.03.2011, [online] https://www.gov.uk/government/news/foreign-secretary-calls-for-an-immediate-stop-to-the-use-of-armed-force-against-the-libyan-people [Stand: 08.03.2016].

Hague, William 2011j: Foreign Secretary updates Parliament on developments in Libya and the Middle East, Parlamentserklärung am 7.03.2011, [online] https://www.gov.uk/government/news/foreign-secretary-updates-parliament-on-developments-in-libya-and-the-middle-east [Stand: 08.03.2016].

Hague, William 2011k: Foreign Secretary attends EU Foreign Ministers meeting on Libya, Presseerklärung am 10.03.2011, [online] https://www.gov.uk/government/news/foreign-secretary-attends-eu-foreign-ministers-meeting-on-libya [Stand: 08.03.2016].

Hague, William 2011l: "UK is at the forefront of the international effort to isolate Qadhafi regime", Presseerklärung am 15.03.2011, [online] https://www.gov.uk/government/news/uk-is-at-the-forefront-of-the-international-effort-to-isolate-qadhafi-regime [Stand: 08.03.2016].

Hague, William 2011m: Foreign Secretary comments on UN vote on Libya no fly zone, Presseerklärung am 18.03.2011, [online] https://www.gov.uk/government/news/foreign-secretary-comments-on-un-vote-on-libya-no-fly-zone [Stand: 08.03.2016].

Hague, William 2011n: UN intervention in Libya: Foreign Secretary on BBC Radio 5, Interview am 20.03.2011, [online] https://www.gov.uk/government/news/un-intervention-in-libya-foreign-secretary-on-bbc-radio-5 [Stand: 08.03.2016].

Hague, William 2011o: Foreign Secretary on Qadhafi: "We will judge him by his actions, not his words", Presseerklärung am 21.03.2011, [online]
https://www.gov.uk/government/news/foreign-secretary-on-qadhafi-we-will-judge-him-by-his-actions-not-his-words [Stand: 08.03.2016].

Hague, William 2011p: A turning point for Africa?, Rede am 22.03.2011, [online]
https://www.gov.uk/government/speeches/a-turning-point-for-africa [Stand: 08.03.2016].

Hague, William 2011q: Foreign Secretary: International community will not stand by and watch Qadhafi regime kill civilians, Parlamentsrede am 24.03.2011, [online]
https://www.gov.uk/government/news/foreign-secretary-international-community-will-not-stand-by-and-watch-qadhafi-regime-kill-
civilians [Stand: 08.03.2016].

Hague, William 2011r: Foreign Secretary launches 2010 Human Rights and Democracy Report, Presseerklärung am 31.03.2011, [online]
https://www.gov.uk/government/news/foreign-secretary-launches-2010-human-rights-and-democracy-report [Stand: 08.03.2016].

Hague, William 2011s: Foreign Secretary discusses Libya and Cote d'Ivoire, Presseerklärung am 3.04.2011, [online] https://www.gov.uk/government/news/foreign-secretary-discusses-libya-and-cote-d-ivoire [Stand: 08.03.2016].

Hague, William 2011t: Foreign Secretary updates Parliament on Africa and the Middle East, Parlamentsrede am 4.04.2011, [online] https://www.gov.uk/government/news/foreign-secretary-updates-parliament-on-africa-and-the-middle-east [Stand: 08.03.2016].

Hague, William 2011u: Foreign Secretary attends first meeting of Libya Contact Group, Presseerklärung am 13.04.2011, [online] https://www.gov.uk/government/news/foreign-secretary-attends-first-meeting-of-libya-contact-group [Stand: 08.03.2016].

Hague, William 2011v: Foreign Secretary sets out UK aims for Libya Contact Group, Rede am 13.04.2011, [online] https://www.gov.uk/government/speeches/foreign-secretary-sets-out-uk-aims-for-libya-contact-group [Stand: 08.03.2016].

Harnisch, Sebastian 2010: Sozialer Konstruktivismus, in: Masala, Carlo/Sauer, Frank/Wilhelm, Andreas (Hrsg.): *Handbuch der Internationalen Politik*, Wiesbaden: VS Verlag für Sozialwissenschaften, 102-116.

Hehir, Aidan 2010: The Responsibility to Protect: 'Sound and Fury Signifying Nothing'?, in: International Relations, 24: 2, 218-239, doi: 10.1177/0047117809366205.

Katsioulis, Christos 2011: Die deutsche Außen- und Sicherheitspolitik nach der Intervention in Libyen, in: Internationale Politik und Gesellschaft, 4, 27-44.

Ki-Mun, Ban 2009: Implementing the responsibility to protect. Report of the Secretary-General, A/63/677.

Kratochwil, Friedrich V. 1989: *Rules, norms, and decisions. On the conditions of practical and legal reasoning in international relations and domestic affairs*, Cambridge: Cambridge University Press, (Cambridge Studies in International Relations: 2).

Kratochwil, Friedrich 1993: The Embarrassment of Changes: Neo-Realism as the Science of Realpolitik without Politics, in: Review of International Studies, 19: 1, 63-80, doi: 10.1017/S0260210500117346.

Kratochwil, Friedrich/Ruggie, John Gerard 1986: International organization: a state of the art on an art of the state, in: International Organization, 40: 4, 753-775, doi:10.1017/S0020818300027363.

Kuckartz, Udo 2012: *Qualitative Inhaltsanalyse. Methoden, Praxis, Computerunterstützung*, Weinheim: Beltz Juventa.

Matussek, Thomas 2009: Statement by H.E. Mr. Thomas Matussek. Permanent Representative of Germany. General Assembly Debate on the report of the Secretary-General "Implementing the Responsibility to Protect" 24 July 2009, [online] http://responsibilitytoprotect.org/Germany_ENG_24_july(1).pdf [Stand: 08.03.2016].

Maull, Hanns W. 2011: Deutsche Außenpolitik: Orientierungslos, in: Zeitschrift für Politikwissenschaft, 21: 1, 95-119, doi: 10.5771/1430-6387-2011-1-95.

Mayring, Philipp 2010: *Qualitative Inhaltsanalyse. Grundlagen und Techniken*, 11. akt. und über. Auflage, Weinheim: Beltz Verlag.

Merkel, Angela 2011a: Pressestatements von Bundeskanzlerin Angela Merkel und des griechischen Ministerpräsidenten Georgios Papandreou, Presseerklärung am 22.02.2011, [online] https://www.bundeskanzlerin.de/ContentArchiv/DE/Archiv17/Mitschrift/Pressekonferenzen/20 11/02/2011-03-01-bkin-statement-guttenberg.html [Stand: 08.03.2016].

Merkel, Angela 2011b: Bundeskanzlerin Merkel begrüßt einstimmigen Beschluss des Weltsicherheitsrats, Presseerklärung am 27.02.2011, [online] https://www.bundeskanzlerin.de/ContentArchiv/DE/Archiv17/Pressemitteilungen/BPA/2011/0 2/2011-02-27-merkel-weltsicherheitsrat.html [Stand: 08.03.2016].

Merkel, Angela 2011c: Pressestatements von Bundeskanzlerin Angela Merkel und des Bundeskanzlers der Republik Österreich, Werner Faymann, Presseerklärung am 2.03.2011, [online] https://www.bundeskanzlerin.de/ContentArchiv/DE/Archiv17/Mitschrift/Pressekonferenzen/20 11/03/2011-03-02-bkin-faymann.html [Stand: 08.03.2016].

Merkel, Angela 2011d: Pressekonferenz zur Sondertagung des Europäischen Rates, Presseerklärung am 11.03.2011, [online]

https://www.bundeskanzlerin.de/ContentArchiv/DE/Archiv17/Mitschrift/Pressekonferenzen/20
11/03/2011-03-11-EU-rat-libyen.html [Stand: 08.03.2016].

Merkel, Angela 2011e: Deutsche Kernkraftwerke. Sicherheitssysteme werden umfassend
überprüft, Interview am 17.03.2011, [online]
https://www.bundeskanzlerin.de/ContentArchiv/DE/Archiv17/Interview/2011/03/2011-03-17-
merkel-saarbruecker-zeitung.html [Stand: 08.03.2016].

Merkel, Angela 2011f: Pressestatement von Bundeskanzlerin Angela Merkel zur aktuellen
Entwicklung in Libyen, Presseerklärung am 18.03.2011, [online]
https://www.bundeskanzlerin.de/ContentArchiv/DE/Archiv17/Mitschrift/Pressekonferenzen/20
11/03/2011-03-18-statement-merkel-libyen.html [Stand: 08.03.2016].

Merkel, Angela 2011g: Pressestatement Bundeskanzlerin Merkel beim Libyen-Gipfel in
Paris, Presseerklärung am 19.03.2011, [online]
https://www.bundeskanzlerin.de/ContentArchiv/DE/Archiv17/Mitschrift/Pressekonferenzen/20
11/03/2011-03-19-libyen-gipfel.html [Stand: 08.03.2016].

Merkel, Angela 2011h: Rede von Bundeskanzlerin Angela Merkel anlässlich des Frankfurt
Finance Summit 2011, Rede am 23.03.2011, [online]
https://www.bundeskanzlerin.de/ContentArchiv/DE/Archiv17/Reden/2011/03/2011-03-23-
finance-summit.html [Stand: 08.03.2016].

Merkel, Angela 2011i: Auftaktstatement von Bundeskanzlerin Merkel zum Europäischer Rat,
Presseerklärung am 24.03.2011, [online]
https://www.bundeskanzlerin.de/ContentArchiv/DE/Archiv17/Mitschrift/Pressekonferenzen/20
11/03/2011-03-24-statements-europaeischer-rat.html [Stand: 08.03.2016].

Merkel, Angela 2011j: Regierungserklärung von Bundeskanzlerin Angela Merkel zum
Europäischen Rat am 24./25. März 2011 in Brüssel, Regierungserklärung am 24.03.2011,
[online]
https://www.bundeskanzlerin.de/ContentArchiv/DE/Archiv17/Regierungserklaerung/2011/201
1-03-24-merkel-europaeischer-rat.html [Stand: 08.03.2016].

Merkel, Angela 2011k: Pressekonferenz der Bundeskanzlerin nach dem Europäischen Rat,
Pressekonferenz am 25.03.2011, [online]

https://www.bundeskanzlerin.de/ContentArchiv/DE/Archiv17/Mitschrift/Pressekonferenzen/20
11/03/2011-03-25-pk-eu-rat-bruessel.html [Stand: 08.03.2016].

Merkel, Angela 2011l: Pressestatements von Bundeskanzlerin Merkel und
US-Außenministerin Clinton, Pressekonferenz am 14.04.2011, [online]
https://www.bundeskanzlerin.de/ContentArchiv/DE/Archiv17/Mitschrift/Pressekonferenzen/20
11/04/2011-04-14-clinton-merkel.html [Stand: 08.03.2016].

Merkel, Angela 2011m: Rede von Bundeskanzlerin Angela Merkel anlässlich des Empfangs
im Rahmen der Frühjahrstagung der NATO-Außenminister, Rede am 14.04.2011, [online]
https://www.bundeskanzlerin.de/ContentArchiv/DE/Archiv17/Reden/2011/04/2011-04-14-
merkel-nato-aussenminister-empfang.html [Stand: 08.03.2016].

Miskimmon, Alister 2012: German Foreign Policy and the Libya Crisis, in: German Politics,
21: 4, 392-410, doi: 10.1080/09644008.2012.739610.

Müller, Harald 2011: Ein Desaster. Deutschland und der Fall Libyen. Wie sich Deutschland
moralisch und außenpolitisch in die Isolation manövrierte, [online]
http://hsfk.de/fileadmin/downloads/standpunk:0211_02.pdf [Stand: 08.03.2016].

Negrón-Gonzales, Melinda/Contarino, Michael 2014: Local Norms Matter: Understanding
National Responses to the Responsibility to Protect, in: Global Governance, 20: 2, 255-276.

New York Times 2011: As U.N. Backs Military Action in Libya, U.S. Role Is Unclear, [online]
http://www.nytimes.com/2011/03/18/world/africa/18nations.html?pagewanted=all&_r=0
[Stand: 08.03.2016].

Onuf, Nicholas 1998: Constructivism: A User's Manual, in: Kubálková, Vendulka/Onuf,
Nicholas/Kowert, Paul (Hrsg.): *International Relations in a Constructed World*, Armonk: M. E.
Sharpe, 58-78.

Pape, Robert A. 2012: When Duty Calls: A Pragmatic Standard of Humanitarian Intervention,
in: International Security, 37: 1, 41-80.

Parham, Philip 2010: Security Council debate on the Protection of Civilians in Armed
Conflict. Statement by Philip Parham. Deputy Permanent Representative of the United
Kingdom, [online] http://www.responsibilitytoprotect.org/United%20Kingdom%20-

%20Security%20Council%20Debate%20on%20the%20Protection%20of%20Civilians%20in %20Armed%20Conflict.pdf [Stand: 08.03.2016].

Responsibility to Protect 2010: Germany: Speaking Points at the Informal Interactive Debate on Responsibility to Protect. General Assembly 9th August 2010, [online] http://www.responsibilitytoprotect.org/Germany%20-- Statement%20to%20the%20dialogue%20on%20early%20warning%20and%20RtoP.pdf [Stand: 08.03.2016].

Rühl, Lothar 2011: Deutschland und der Libyenkrieg, in: Zeitschrift für Außen- und Sicherheitspolitik, 4: 4, 561-571, doi: 10.1007/s12399-011-0227-2.

Schimmelfennig, Frank 2010: *Internationale Politik*, 2. akt. Auflage, Paderborn: Verlag Ferdinand Schöningh.

Stahl, Bernhard 2012: Taumeln im Mehr der Möglichkeiten: Die deutsche Außenpolitik und Libyen, in: Zeitschrift für Außen- und Sicherheitspolitik, 5: 4, 575-603, doi: 10.1007/s12399-012-0293-0.

Ulbert, Cornelia 2005: Konstruktivistische Analysen der internationalen Politik. Theoretische Ansätze und methodische Herangehensweisen, in: Ulbert, Cornelia/Weller, Christoph (Hrsg.): *Konstruktivistische Analysen der internationalen Politik,* Wiesbaden: VS Verlag für Sozialwissenschaften, 9-34.

Ulbert, Cornelia 2010: Sozialkonstruktivismus, in: Schieder, Siegfried/Spindler, Manuela (Hrsg.): *Theorien der Internationalen Beziehungen*, 3. über. und akt. Auflage, Opladen: Verlag Barbara Budrich, 427-460.

UN-Generalversammlung 2005: 60/1. 2005 World Summit Outcome, A/RES/60/1.

UN-Sicherheitsrat 2006: Resolution 1674, S/RES/1674.

UN-Sicherheitsrat 2011a: Resolution 1970, S/RES/1970.

UN-Sicherheitsrat 2011b: Resolution 1973, S/RES/1973.

United Nations 1945: Charta der Vereinten Nationen, [online] http://www.unric.org/de/charta [Stand: 08.03.2016].

Westerwelle, Guido 2011a: Bundesminister Westerwelle zur Situation in Libyen, Interview am 25.02.2011, [online] http://www.auswaertiges-amt.de/DE/Infoservice/Presse/Interviews/2011/110225_BM_Libyen_DLF.html [Stand: 08.03.2016].

Westerwelle, Guido 2011b: Rede von Außenminister Guido Westerwelle vor dem Menschenrechtsrat der VN in Genf, Rede am 28.02.2011, [online] http://www.auswaertiges-amt.de/DE/Infoservice/Presse/Reden/2011/110228-BM-Menschenrechtsrat.html [Stand: 08.03.2016].

Westerwelle, Guido 2011c: "Der Diktator Gaddafi muss gehen", Interview am 1.03.2011, [online] http://www.auswaertiges-amt.de/DE/Infoservice/Presse/Interviews/2011/110301-BM_Stuttg_Nachrichten.html [Stand: 08.03.2016].

Westerwelle, Guido 2011d: "Ein Flugverbot muss durchdacht sein", Interview am 9.03.2011, [online] http://www.auswaertiges-amt.de/DE/Infoservice/Presse/Interviews/2011/110309-BM_Schwaeb_Ztg.html [Stand: 08.03.2016].

Westerwelle, Guido 2011e: Libyen: "Sanktionen und Humanitäre Hilfe", Interview am 9.03.2011, [online] http://www.auswaertiges-amt.de/DE/Infoservice/Presse/Interviews/2011/110309-BM-Straubinger_Tgbl.html [Stand: 08.03.2016].

Westerwelle, Guido 2011f: "Engste Partnerschaft beim demokratischen Aufbruch", Interview am 12.03.2011, [online] http://www.auswaertiges-amt.de/DE/Infoservice/Presse/Interviews/2011/110312_BM_Volksstimme.html [Stand: 08.03.2016].

Westerwelle, Guido 2011g: Regierungserklärung durch Bundesaußenminister Westerwelle vor dem Deutschen Bundestag zum Umbruch in der arabischen Welt, Regierungserklärung am 16.03.2011, [online] http://www.auswaertiges-amt.de/DE/Infoservice/Presse/Reden/2011/110316_BM_BT_arab_Welt.html [Stand: 08.03.2016].

Westerwelle, Guido 2011h: Außenminister Westerwelle im Interview mit dem Deutschlandfunk zu Libyen, Interview am 17.03.2011, [online] http://www.auswaertiges-amt.de/DE/Infoservice/Presse/Interviews/2011/110317_BM_DLF.html [Stand: 08.03.2016].

Westerwelle, Guido 2011i: Bundesminister Westerwelle im Interview mit der Augsburger Allgemeinen zur Kernenergiepolitik in Europa und zur aktuellen Situation in Libyen und Nordafrika, Interview am 18.03.2011, [online] http://www.auswaertiges-amt.de/DE/Infoservice/Presse/Interviews/2011/110318-BM_Augsb_Allg.html [Stand: 08.03.2016].

Westerwelle, Guido 2011j: Bundesaußenminister Westerwelle im Interview mit dem Luxemburger Wort, Interview am 18.03.2011, [online] http://www.auswaertiges-amt.de/DE/Infoservice/Presse/Interviews/2011/110322-BM-LuxemburgerWort.html [Stand: 08.03.2016].

Westerwelle, Guido 2011k: Regierungserklärung durch Bundesminister Westerwelle vor dem Deutschen Bundestag zur aktuellen Entwicklung in Libyen (UN-Resolution), Regierungserklärung am 18.03.2011, [online] http://www.auswaertiges-amt.de/DE/Infoservice/Presse/Reden/2011/110318_BM_Regierungserkl%C3%A4rung_Libye n.html [Stand: 08.03.2016].

Westerwelle, Guido 2011l: Außenminister Guido Westerwelle im SPIEGEL-Gespräch, Interview am 20.03.2011, [online] http://www.auswaertiges-amt.de/DE/Infoservice/Presse/Interviews/2011/110320-BM-Spiegel.html [Stand: 08.03.2016].

Westerwelle, Guido 2011m: Außenminister Westerwelle im SWR-Tagesgespräch zu Awacs und Libyen, Interview am 23.03.2011, [online] http://www.auswaertiges-amt.de/DE/Infoservice/Presse/Interviews/2011/110323-BM-SWR2.html [Stand: 08.03.2016].

Westerwelle, Guido 2011n: Interview von Außenminister Westerwelle für die „Passauer Neue Presse“, Interview am 23.03.2011, [online] http://www.auswaertiges-amt.de/DE/Infoservice/Presse/Interviews/2011/110323-BM-PassauerNeuePresse.html [Stand: 08.03.2016].

Westerwelle, Guido 2011o: Rede von Außenminister Westerwelle vor dem Deutschen Bundestag zum AWACS-Einsatz, Rede am 23.03.2011, [online] http://www.auswaertiges-amt.de/DE/Infoservice/Presse/Reden/201˙/110323-BM-BT-Afghanistan.html   [Stand: 08.03.2016].

Westerwelle, Guido 2011p: Außenminister Westerwelle in der Süddeutschen Zeitung zur Libyen-Politik, Beitrag am 24.03.2011, [online] http://www.auswaertiges-amt.de/DE/Infoservice/Presse/Interviews/2011/110324-BM-SZ.html [Stand: 08.03.2016].

Westerwelle, Guido 2011q: Außenminister Westerwelle im Interview mit RBB Inforadio zur Lage in der arabischen Welt, Interview am 25.03.2011, [online] http://www.auswaertiges-amt.de/DE/Infoservice/Presse/Interviews/2011/110325-BM-RBB-Libyen.html   [Stand: 08.03.2016].

Westerwelle, Guido 2011r: Rede von Außenminister Westerwelle vor dem Deutschen Bundestag zur deutschen Beteiligung am AWACS-Einsatz in Afghanistan, Rede am 25.03.2011,   [online]   http://www.auswaertiges-amt.de/DE/Infoservice/Presse/Reden/2011/110325_BM_BT_AWACS.html   [Stand: 08.03.2016].

Westerwelle, Guido 2011s: „Wir wollen keine Kampfeinsätze mit deutschen Soldaten in Libyen" - Außenminister Westerwelle im Interview mit dem Deutschlandfunk, Interview am 12.04.2011,   [online]   http://www.auswaertiges-amt.de/DE/Infoservice/Presse/Interviews/2011/110412-BM_DLF.html [Stand: 08.03.2016].

Westerwelle, Guido 2011t: Außenminister Westerwelle im Interview mit der Berliner Zeitung/Frankfurter Rundschau zum NATO-Einsatz in Libyen, Interview am 14.04.2011, [online] http://www.auswaertiges-amt.de/DE/Infoservice/Presse/Interviews/2011/110414-BM-FR-BerlZtg-Libyen.html [Stand: 08.03.2016].

BEI GRIN MACHT SICH IHR WISSEN BEZAHLT

- Wir veröffentlichen Ihre Hausarbeit, Bachelor- und Masterarbeit

- Ihr eigenes eBook und Buch - weltweit in allen wichtigen Shops

- Verdienen Sie an jedem Verkauf

Jetzt bei www.GRIN.com hochladen und kostenlos publizieren